Walt Disney Lustiges Taschenbuch MUNDART 5

Schwäbisch

Inhalt

2 Dô wird g'fegt
(Erstveröffentlichung)

3 Schleidersitz zom Erfolg
(Aus: Walt Disney LUSTIGES TASCHENBUCH Nr. 351: Schleudersitz zum Erfolg)

28 Schmotziger Dank
(Aus: Walt Disney LUSTIGES TASCHENBUCH Nr. 318: Feuchter Dank)

29 Pfannakuacha-Gschichtla
(Aus: Walt Disney LUSTIGES TASCHENBUCH ENTEN-EDITION Nr. 64: Pfannkuchengeschichten)

53 So en Zirkus
(Aus: Walt Disney LUSTIGES TASCHENBUCH SPEZIAL Nr. 79: So ein Zirkus)

83 Neies aus em Endnet
(Aus: Walt Disney LUSTIGES TASCHENBUCH Nr. 485: DuTube-Duck)

Created 2022

Stephanie Bens, Marko Andric (Gschichtle), **Fernando Güell** (Zoichnonga)

Schleidersitz zom Erfolg

Carlo Panaro (Gschichtle), **Andrea Ferraris** (Zoichnonga)

Am liebschta däd m'r die ganz Zeid weider-macha, bei denne ganze Sonderangebo... oh?
Mir gratuliered!
DIREKDOR
!
Mir schlotzed a Viertele uff Ihr Wohl ond...
...Ihren Erfolg, Herr Direkdor!
Ex-Direkdor! Ab morga ben i d'r Vizepräsident von ons'rer Subbermarkt-kette! Hehe!
Des muss a subber G'fühl sei, wenn m'r erfolgreich isch.
14.00

Uff so a Karriere wirsch neidisch.
Onsern aller-herzlischda Gliggwunsch!
Sag amôl...
Wie fühlt m'r sich als erfolgreichschter Recht-anwalt von d'r Stadt?
Sie hend grad da hondert-schda Fall hend'ranander g'wonna. An Rekord!
So isches!
BLITZ
BLITZ
GERICHT
Sogar Rechtanwält schtandet manchmôl g'schwend im Rampalicht!
Und des hôißt nô au, dass a reachd's Geld ins Haus kommt.

Oh!
Als Fußballer des Jahres winket Ihna jezzd hoch dotierte Verträg. Wie denket Sie dô driber?
I denk nix. I han's meh in die Fiaß.
Liebe Zuschauer! Bulli Ballert vom 1. FC Entahausa, d'r neie Fußballer des Jahres!
No môl an Schwôb, der wo sich vor Ruhm und Reichtum edd redda kôh.
Mi feiert koi Sau. I ben bloß a graue Maus ohne Erfolg.
Nie im Fernseha.

Also ganz ehrlich, i däd mir wünscha, dass au môl ebber nôch mir frôgt!
DONALD DUCK
Onkel Donald, Gott sei Dank bisch du endlich dô! Mir brauchet dei Hilfe!
Awa? Bei was?
In d'r Küche tropft granatamäßich d'r Hahna! Du musch ebbes do!
Vo dem Geräusch schnappt m'r schier nomm!
Tröpfel!
Tröpfel!
Tröpp!
Tröpfel!
Dô hennd'r grad da richtiga verwischt! Gebbet mir môl die Rohrzang, Buaba!
Tröpfel!
Tröpfel!
Tröpfel!
Tröpfel!
Oimôl reachd an dem Glomp dreha ond...
Tröpfel!
HAND ZAHM
Kreisch! Jesses!
SPROTZ

Des war jezzd an reachder Käs.
RAUSCH
Sei bidde edd bees, Onkel Donald, aber...
...als Klempner wirsch du nix meh.
Schnaub!
Jezzd kisset me doch älle am Buckel!
RAUSCH
Älle suhlet sich im Erfolg, bloß i ben d'r Seggl! So kôh des edd weider-ganga!
?!
I nemm mir oifach mei Recht auf a bissle Ruhm, Ehre ond Anerkennung!

Also frôgt m'r da Fachmann...
DANIEL DÜSENTRIEB ERFINDER & GENIE
Also wenn i mi edd deisch, Herr Duck, ond des bassiert mir als Genie edd oft, nô soll i fir Sie a Gerät erfinda...
...des wo mi zu'ma erfolgreicha Menscha macht, Herr Ingenieur. Kenned Sie des?
Hmm...
A knifflig's Problem, des wo zom Lösa Zeit koschtet.
Mindeschtens drei Schtonda misset Se rechna.
So ebbes han i mir denkt.

Schpäter...
Bidde, Herr Duck. Des isch sozusaga d'r Schleidersitz zom Erfolg!
Hei-danei!
Ond wie funktioniert der?
Ja no, die Erklärung isch ganz oifach...
...aber omeglich zom erklära. 'S Ergebnis isch uff älle Fäll, dass Sie...
...auf'm Feld wo Sie wellet mit Erfolgs-energie uffg'lada werdet!
Aha.
Ond was wär des jezzd? Vielleicht Sport? Oder Finanza? Oder Fern-seha?

Seufz. I kôh mi edd entscheida.
I däd a jô a Münze werfa, aber i han grad koi Geld dô.
Also, welches Iberraschungspaket will d'r Kandidat uffmacha?
!
Juhuuh! I wôiß's!
D'r schnellschte Weg zum einsama Gipfel des Ruhms gôht iber a schteile Karriere in d'r Glotze!
Jezzd lauft doch grad „Entahausa sucht da Subbermoderador"! Dô bewerb i mi!
Ond Sie werdet g'winna, Herr Duck, dôd'rfir schtand i mit mei'ra Erfinderehre!
Also! Auf gôht's!

I muaß grad g'schwend des Gerät programmiera.
TIPP
TIPP
Denket Se oifach an gar nix, Herr Duck! Sie kennet des, des wôiß i!
Sodele!
KLACK
SURRRR
FRUUUSCH
Hm. Send Se sicher, dass des klappt hôdd? I fühl mi koi Mugga-seggele andersch.
Koi Sorg! Die Wirkung merket Se, wenn's druff ôkommt!

Dô gang i grad glei nô!
Ond a weng schpäder...
Dangge. Ond rufet Se edd ôh. Mir rufet Sie ôh.
ETV STUDIOS
STUDIO 8
Blôß Schlôftabletta. Dô verrecksch.
Jô. Koi goziga int'ressanter Tybb d'rbei.
D'r Näggschde soll reikomma!

Griß Gottle!
Wenn I'n seh. Wie hôißet Sie?
Ähem... Schluck... Räuschper. Do-Do-Do...
?!
Hennd Sie emmer so a große Gosch?
N... noi. D' Gefühle. I ben neba d'r Kapp.
Guad! Saget Se oifach, was Ihna grad durch da Kopf gôht!
Des... des gôht edd, weil dô nix durchgôht, wissed Se...

Flüschder! Mauschel!
Seufz! I kôh m'r scho denka, was bei derra Beratung rauskommt.
Dô hôdd d'r große Erfinder wohl ausnahmsweise môl d'rneba g'langt. Typisch mei Pech!
Etzedle, Herr Duck. Mir älle fendet des subber...
...dass Sie so a overzwongene Art hennd.
Älle and're hennd a g'schwollen's Glomp d'rhergschwätzd.
Aber Sie send oifach Sie selber, des isch erfrischend!
Ha no?
Moment amôl... wellet Sie dôd'rmit sag...
Sie send Kandidat bei „Entahausa sucht da Subbermoderador"!
Sie hennd no edd g'wonna, aber des isch d'r erschde Schritt zom Erfolg!
Leck mi am Fiedla!

Am and'ra Ôbnd...
D'r näggschde Kandiat isch d'r Donald Duck!
Dennd Se au batscha! Des isch guad gega Lampafieber!
No net so b'scheida! Klatschet, bis d' Kuliss' zammabricht!
'KLATSCH
KLATSCH
KLATSCH
KLATSCH

Omd'r-hemm'ls-willa!
REMPEL
Aaaah!
WITSCH
KRACH
Stöhn! Des war doch bloß a G'schwätz!
Haha, mein Liaberle, der isch an echter Komiker!
Der Kerle isch ebbes B'sonders!
Haha! Haha!
JURY
M'r wartet uff da Schiedsspruch...
I han's verschissa. Des kôhsch vergessa.

D' Jury hôdd entschieda. In die näggschde Runde kommt...
...Donald Duck!
Heiligsblechle!
Gliggwunsch!
I dank recht schee! Hehe!
KLATSCH
KLATSCH
I han dem Herr Ingenieur orecht doh. Sei Erfindung taugt em Ende doch ebbes.
KLATSCH
KLATSCH
KLATSCH

Ond so gôht a baar Dag lang weider, bis d'r Donald sogar d' Endausscheidung erreicht...
Entahausa hôdd sein Subber-moderador! Er hôißt...
...Donald Duck!
Dangge! Dangge!
Gliggwunsch, Kollege! Sie hennd a Probeshow zur beschda Sendezeit g'wonna!
Sauber-le!
KLATSCH
KLATSCH
KLATSCH
Bravo! Bravo!
Des Birschle g'fällt mir!
Hehe! Jezzd ben i scho a bissle berühmt. Jezzd fehlt bloß no...
KLATSCH
KLATSCH
KLATSCH

„...d'r Erfolg!"
D' Leit saget, i däd mi an'ra oigana Show verheba.
Aber des werd i praktisch ond symbolisch widerlega!
DIE DONALD DUCK SHOW
Hnnnnngh!
DIE DONALD DUCK SHOW
Tja, es hôdd sich scho d'r oine oder andere an Symbole verhoba.
I däd saga, dann hera mir lieber a weng scheene Musik! Dô isch d'r Reso Rambazambi!

Am näggschda Dag brengt d' Auswertung von d'r Eischaltquote a echte Sensation ans Scheiwerferlicht...
...ond d'r Donald wird uff d'r Schtell in d' Direktion g'rufa!
Mei liaber Herr Duck! Kommet Se doch in mei Büro!
I sag's wie's isch: Mir send Leit reachd, die wo an nadierlicha Hang zum Erfolg hennd!
Ond so oiner send Sie anscheinend, gell?
An Traum wird wôhr! Ond zum erschda Môl in älle denne Jôhr isches koin Albtraum!

ETV STUDIOS
D' Direktion hôdd beschlossa, Ihna an Vertrag iber zehn Folga von Ihrer Show ôzumbieta.
Wenn Se eiverschtanda send, nô misset Se bloß dôhanna onderschreiba, Herr Duck!
Ha dô sag i edd noi!
Sie kenned sich druff verlassa, dass i mei Beschdes geb, Herr Direkdor!
Saget Se oifach Boss zu mir, hehe!
Also nô: Hals- ond Beinbruch!
Dangge!

Endlich ischer dô: D'r große Erfolg. So lang ersehnt ond kaum so genossa.
GLAMOUR GAZETTE
DONALD DUCK, DER

D' Zeit vergôht...
Sie hennd mi b'schtellt, Boss? Was gibt's denn Schees?
Leider nix!

Aha. Ond wôromm blick i des jezzd edd?
Weil sie offasichtlich 's Blättle edd lesat, Duck!
ETV-STUDIOS
Dô schtôht's! Ihr Show isch bloß no an Sôich! D' Fans wand'ret in raue Schara ab!
Waaas?
Ond d' Schponsora wand'ret mit. Frôget Se mi môl, wie mir no meh Folga finanziera sollet!
Aber vertraglich schtandet mir uff älle Fäll zehn Folga zu!
Kennt m'r moina. Aber in dem Vertrg schtôht au a Klausel, die wo des dôhanna meglich macht.
Jesses!
Seufz! Dô fliagt se d'rvo, mei große Fernsehkarriere.
FLOPP
Dädet Sie mi jezzd bidde entschuldiga. I muaß neie Erfolge aus'm Boda schtampfa.
Stöhn!

Damit m'r des Obegreifliche verschtôht, braucht m'r die Gedankaklarheit vo' ma Genie...
Dauerhafter Erfolg beruht emmer uff d'r Fähigkeit vom Erfolgreicha!
GRUSCHT
D'r Ihre hôdd bloß uff d'r Wirkung vo mein'ra Erfindung beruht, ond die hôdd sich verflüchtigt.
Ha sag amôl!
Kennda mir denn edd no môl...
Noi, Herr Duck. Der Vorgang lässt sich leider edd wiederhola.
DANIEL DÜSENTRIEB
Also ben i wieder der Garnäamerds, der wo i scho emmer war.

Entschuldiget Se bidde...
Willsch au Audogramm, Jonger? Nadierlich!
Noi, i han mir an Schtift leiha wella, damit i mir a Audogramm vom Subberstar Diddi Dohlen hola kann!
Ups!
Dass d'r Erfolg an osicherer Kandidat im Leba von ma Künschtler isch, han i g'wisst...
DUCK
...aber dass künschtlicher Erfolg im Leba ganz sicher edd hebt, des wôiß i ersch jezzd.
Onkel Donald, Gott sei Dank bisch du endlich dô!
?

Der Wasser-hahna in d'r Küche trepf'lt schlemmer als je!
Dur ebbes, bevor mir dôhanna zu dritt nomschnappet!
Hennd ihr schon vergessa, was i bei meim ledschda Versuch als Klempner ôg'richtet han?
A wa, des kôh doch jedem mol bassiera! Du schaffsch des!
Also guad, i probier's. Auf eier Veranwortung! Aber erwartet edd z'viel!
Wer hedd's denkt...
Heidanei! Du bisch d'r Greschte, Onkel Donald!
I sodd wohl mit de kloine Erfolge im Alldag z'frieda sei, ond wennse no so selta send.
ADELE

Sergio Tulipano (Gschichtle), **Andrea Ferraris** (Zoichnonga)

Walt Disney

Pfannakuacha-Gschichtla

Created 2015

Giulio D'Antona (Gschichtle), **Libero Ermetti** (Zoichnonga)

Schmecket ihr den wonderbara Geruch au, Briader?
DONALD DUCK
Schnupper, schnüff...
Tatsach! Des riacht jo legger! **Mjam!**
Macht da Onkel Donald heit etwa...
Es send die gloine Sacha, wo sogar so en harta Dag scheener wera lassad...
Pfannakuacha!

Mampf!
Schleck! Deine Pfannakuacha send oifach die beschde auf da ganza Welt, Onkel Donald!
Des schtemmt. Hosch du no nia dra denkt, dodamit dein Lebensonterhalt zom beschtreita?
Als Gourmet-Pfannakuacha-Bäcker?
Jo, genau! Des wär doch a Arbed, wo dir Spaß macht ond au no Geld eibrengt.
Ond d' Entahausener dädet Schlange standa für deine Pfannakuacha.
Hmm... Moinet ihr des ernscht?
Ha, do kasch drauf wetta!
Schwätz doch amol mit ma gewissa Finanzexperte, der deine Pfannakuacha au so arg ma! Vielleicht hilft der dir jo bei dei'ra Onternehmensgründong.

Bei dem sei'm scharfa Geruchssinn wird er vermutlich sowieso bald vor d'r Tür standa...
DRING
DONALD DUCK
Etzedle, mein liaba Neffe! Mir isch grad danoch gwesa, eich zom bsuacha.
Sodele? Oifach so? Ohne Hender-gedanka?
I geb jo zua, a gloi weng hot me au da Honger hertrieba.
Guat, aber diesmol wirsch du edd oifach so durchgfuaterat.
Du griagsch dia Pfannakuacha bloß gega an guada Rot.
Mjam! Verzehl! I be ganz Ohr...
...ond Kiefer, gell?

Ozählige Pfanna-kuacha danoch...
Heidanei! Des war legger. I be satt ond z'fireda wia a jonge Goiß!
Des glaub i dir glei. Du hosch jo au ohne mit da Wemper zom zucka, vierazwanzg Pfanna-kuacha nabdruckt.
Du überlegsch also echt, di onter d'gehobene Gastronoma zom begeba?
Jo, aber i woiß edd, wia'ne des bewerkschtelliga soll.
Hm... Also, i däd z'erschd amol a gloine Marktomfrog' organisiera.
Ond wia macht ma so ebbes?
Du lädscht oifach a baar Freind vo dir ei ond lesch se dei Produkt teschta.
Ond i schtell mi kostenlos als erschder Vortester zur Verfügong. **Mjam!**
Ha, des isch jo selbstlos vo dir.

Mampf! Des isch jo komisch, mei Neffle... deine Pfannakuacha erinnerat mi jezzd grad dra, wia'ne amole...
BUS
Hrmpf! Diesmol hot me der Verschwender doch glatt übertrumpft.
Oje! Meine Strandhotels hand halt amole en zeitlosa Stil.
TOUR
DD-REISEN
DD-STRAND
DER KLASSIKER DER ENTSPANNUNG!
Während seller Grasdaggl mit ällena technischa Finessa aufwartet.
KLEVER LUXUSREISEN
ERLEBEN SIE DEN STRAND DER

I be ruiniert! Ond wenn e jezzd no meine Stränd' modernisier, no bene erschd recht ruiniert.
Aber mei sorglose Verwandtschaft wird me schon aufheitera... hoffe zumindescht.
DRING
Etzedle, komm rei, Onkele! Du siehsch aus, als breichtesch du Troscht.
Vor ällem breichte a neie zündende Idee, Neffle.
Du wirsch seha, mit vollem Maga denkt sich's leichter.
Du kasch leicht schwätza. Seller Melona-fresser kontrolliert jezzd noch bald 's ganze Reisegschäft.

Wa saisch du? Du bisch doch da König der Schtrände!
Jo, des war i amole. Aber angesichts der gekühlta Liega ond der sich selbscht öffnenda Sonnaschirme Klevers send meine Schtränd Auslaufmodelle.
I be sicher, du fendsch en Weg. Immerhin bisch du doch **das** Finanzgenie!
Wieso wendesch du dia Pfannakuacha so?
Damit se edd abrennad ond schee gnuschbrig werad.
FLUPP
Heureka! Jezzed hanne's!
Den nemme no grad mit auf da Weag!
Aber...

Dankschee, Donald! Jezzd muaße aber no los.
Wo na au?
Ha, zom Herr Düsadrieb nadierle.
Hm...
Einige Zeit schpäter...
Etzedle, Onkel Dagobert! Wa macht dei Schtrandgschäft?
'S kennt gar edd besser laufa, Biable!
Du hosch me auf a subber Idee brocht. Dank sellena automatischa Wendeliege-schtiahl griagt neamed meh an Sonnabrand!

Komma mer zruck zur Gegawart der Marktforschung...
Hosch's jezzd verschtanda, Dussel, du Bachl?
Du sollsch selle Pfannakuacha probiera ond mir saga, wa da do davo heltsch.
Da Onkel Dagobert moint, es sei wichtig, mei Rezept an d' Kundschaft azompassa.
Ha jo, ond i be an ganz unparteiischa Esser...
Seller Pfannakuacha enthält Zucker, Milche ond...
Mjam!
HAPPS
Subber!
Jezzd wundert's mi schau a weng, dass du überhaupt ebbes g'schmeckt hosch.

Deine Pfanna-
kuacha kommed
bei ällena
subber a.
„Ond doderbei
fellt mir ei, dass
i amole...“
Ha, des isch
doch an granadamäßigs
Glomp, a elendigs!
Wenn e mer no en nuia
leischta könnt'!
SPOTZ
PUTT
PUTT
Heidanei!
SPOTZ
Du regsch me zom
leddschda Mol auf, du
nixiger Karra!
Griaßde
Vetterle!
KICK

Isch dein Karra verreckt?
Sell kasch senga! Drbei han i den scho so oft repariert, dass er eigentlich rengsrom nui isch!
Ha, lass me no amol gucka! I han doch a Diplom em Schreibmascheenarepariera.
Noinoi! Lass' guat sei!
Ach komm! Sei au edd emmer so bruddlig!
Schluck! I däd eher saga „realistisch“...
I kennt wetta, do isch bloß a Schreible locker.
GNIEK
Jezzd probier's halt amol. Der wird glei aschprenga.
Ond wenn's en Schneller duat?

RATTER
BRUMM
Ha, do wead doch dr Hond en da Pfann' verruckt!
Jezzd kan i endlich zuamäh...
Waaah!
Hoi!
KRACH
Ha no!
Also... des war wohl doch edd bloß dia oine Schraub?
Dir sott mer **deine** Schreibla em Grend nochzieha!
Ha, i han doch bloß helfa wella! Hätt i sellen Kurs no abgschlossa...

Seller Dussel isch so en Granadabachl! Bloß guat, dass' Kocha meine Nerva beruhigt.
Räuschper...
Du schau wieder? Wa witt?
Gucka, ob da emmer no so greiznarrad auf mi bisch.
Des mit dem Mäher duad mer echt loid. I han me überschätzt...
Guat, dass da des wenischtens eisiehsch.
Jezzed, lass dr's schmecka! Des wird deim Selbscht-vertraua guat doa.
Sodele! Dankschee, Donald! Schee, dass da nemme granndig auf mi bisch.
Du bisch jo ein Jenseitsgscheidle! Fascht wia en Detektiv.
Moisch echt? I frog mi schau, ob's ned au en Fernkurs für Detektive geit.

I guck glei amole. Dankschee für da Tipp!
Hätt'e bloß...
...nix dahergschwätzd. Wer woiß, was er jezzd wieder arichtet. **Oh jeggerle!**
Wieder zruck en da Gegawart...
Dussels Verkostung war a reine Zeitverschwendong. Hoffentlich lauft's mit da Daisy besser...
DAISY DUCK
DING DONG
Etzedle? Wia schmeckt's dir?
I könnt' grad nei-liega!
Do fällt mir grad seller Dag ei, an dem...
Oh noi!

Sodele! D' Jury isch jezzd gau en 'ra halba Schtond do.
Der jährliche Obschtkuacha-Wettbewerb isch jo da wichtigschte Termin. D' Konkurrenz wird schee abschtinka gega mein Blaubeerkuacha!
Jezzed no a Muggeseggele Puderzucker zur Krönong vo dem Ganza...
Gurr?*
*Isch des für Tauba?
Guuurr!*
He, du!
*I probier grad mol en Schnabel voll!
Hau ab, du aogfanzeter Dreckspatz!
Huuu! Guruuu!*
SCHWUPP
*Umpf! Desch jo a jenseitsmäßige Entaklemmere!

Des goht doch uff koi Kuahhaut nedd! Mein Sieger-kuacha!
Ond etzedle? I han nemme gnuag Zutata für en nuia Kuacha... ond wenne jezzd no eikaufa gang, no werd i ned rechtzeitig fertig. Wa solle au doa?
Vielleicht ka mir jo da Donald helfa.
No koi Sorg', Daisy! I be gau glei bei dir!
KURIER
Oje, oje!
Ned traurig sei, Daisy! Mir findat scho a Lösung.
DAISY

Zutatamäßig isch d'r Markt jo scho weit verdloffa. Aber mit Oier, Milch ond Mehl mach i sonscht jo emmer...
MEHL
...meine Pfanna-kuacha!
I seh' scho d' Reaktiona vor mir...
Etzedle? Was hennd Sie zubereitet, mei liabe Daisy?
F-Flädle?
Pfannakuacha à la Donald!
Hanoi... Desch jezzd eher an oifacha, aber au sehr beliebta Fraß!
Ond oglaublich schmackhaft! Doderfür hennd Sie glatt dr ersch-de Preis verdeanad.
Echt jezzd?
I han's jo glei gsait!

Des war jo a schee's Gschichtle, aber...
Trotzdem! Des war grad für d' Katz! D' Daisy hot mer halt a Gschichtle verzehlt, statt ehrlich Kritik zom üba.
Jezzd isch mei letschte Hoffnong dr Gusschdav.
Jo... mampf! Dr Honger treibt's nab.
Dankschee... Du hosch jo au drei Portiona nabdruggt.
Ha jezzed noch! Normalerweis verbutz i guat ond gern vier Teller.
Aber do fällt mir grad no a Gschichtle ei, des du bloß zom Doil kennsch...
Argh!

Wa isch au jezzd los? Isch jezzd schon wieder Essens-zeit?
KNURR
Mein Glücks-stern führt me dettlang. Ond mein Maga au.
GLATZEN-KOGEL
BLUMENWEG
16
Aha! Wia's scheint, hot mei fleißig's Vetterle d' Antwort auf mein Gluschta.
Griaßde, Donald! Ha, wa brutzlasch denn do?
Des goht di en feichta Kehricht a, Guschdav!
Puh! Do isch aber oiner ganz granada-mäßig grandig heit!
I mag halt koine Schmarodzer!

Birschle, den Schmarodzer nemmsch aber glei z´ruck!
Sell glaubsch au! I schwätz ällaweil, wia's mer basst.
Also guat! I geb's jo zua, i han's auf deine Pfannakuacha abgseah!
Hanoi!
No kasch se grad frisch aus dr Pfanna nemma!
FLAPP
Gulb!
Schnaub! Wenn i di verwisch, du Glufamichel!
Du kommsch mir grad reachd!
Bürschle, wia schmeckt dir des?
FETZ
ZACK
WACK
RAUF
Ond wia schmeckt dir's Echo?

Etzedle? Wie wär's mit 'ma zünftiga Nochschlag?
No koine Umschtänd! I verdlang's aloinig.
Hohoho! I gang als Gwenner vom Platz!
Wa saisch du?
Ond den gibt's no kostenlos obadrauf, du Schmarodzer!
Urks!
FLATSCH
Seller Donald hot irgendwia überhaupt koi Sinn für Humor ned... **mampf!**
Aber i muaß schon au zuageba, dass er jenseitsmäßig guate Pfannakuacha macha ka.
Der Anblick gfällt mir jezzd wieder!

Ha, wa isch' los?
Essbare Baskenmütza send total angesagt. Ond em Duft nach zu schließa, isch Ihre recht legger.
Dankschee, aber des... hmm...
Darf i mi vorschtella? Veit Vutterbar, Experte für essbare Bekleidong.
Send zwoitausend Taler gnuag für Ihra Kappa?
Do hennd Se jezzd aber a guat's Gschäftle g'macht, Veit!
Ond wieder en da Gegawart...
Oh jelenei! Au seller Guschdav hot mi koi gozig's Schrittle weiterbrocht.

Älle meine bucklige Verwandte hennd mir bloß Gschichtla verzehlt.
Dodurch isch mir's klar gworda, wie wichtig selle Pfannakuacha für uns Ducks send. Se tröschtet uns, machet uns Mut, inschpirieret uns und brenget uns Glück.
I glaub, i will mit dene gar koi Gschäftle mehr macha.
Besser isch's, se bleibet in der Familie! I verdruck se jo au selber gern...
Mampf! Schleck! Do fällt mir ei, wie i neulich amole...
BASCHDA

Created 2016

Fausto Vitaliano (Gschichtle), **Silvia Ziche** (Zoichnonga)

Weil „wandera“ heromzieha bedeidet, ond des demm mir edd.
Des schdemmd, i wois nemme amol me, wemm mir do onsre Zeld ufbaud hennd.
Ihr send edd au no bloß so Doigaffa, sondern em Hirnschissele fonkdionierds au nemme so?
Dr Onkl Direkdor!
Hoi!
Worom schdoasch du hier bleed rom ond erledigsch edd a baar Räbradura? Des Haubdzeld hädd´s zemlich neddig.
Ha, weil i dr Donner-Donald be ond edd eier Hausmeischder!
Frog doch mol de Guschdav, s’gauggelnde Goldleggle, der hodd doch beschdemmd en Haufa Zeid.
Ond zwar, weil i em Gegasatz zu dir genau woiß, wie i mei Zeid eidoila ka, Vedderle!
Mei Nommer stodd, deswäga brauch i edd emmer a vrzweifelde leddschde ond allerallerleddschde Broba!
Aha!

Birschle, jezzd gibt's glei oine and Leffel.
Mach mol!
Gohd des scho wiedr los?
Hennd ihr nix Bessres zom doa, als emmer zom rom-goscha!
Daisy hodd reachd! Onsre Drubbe brauchd en Zemmahaldd ond koi Eifersüch-deleia!
Eifersüchtig, i, auf wen? Die Kanonakugl mit Birzl?
Stell de doch edd bleedr, als de bisch. Jedr woiß doch, dass du dr Daisy emmer schee doa willsch!
...aber dommerweise hodd hald Daisy bloos Auga fir de Donald!
Heidanei! Schluss mit dem Siaßholz-raschbla!
I mecht, dass dia netta Leit vo Trieblinga vo onsra näggschda Vorfierung saga kennet, so äbbes hodd doa no nie oiner gsäha!
Koi Brobläm, weil's kaum oiner säha wird. S'kommed jo emmer wenigr Leit...
...ond bald konnd koi Goziga me... **aua!**
BONK

So a Läddagschwätz ka i edd braucha, verschdosch?
Ond i ma koine Schläg mid´m Schdogg…
Los gohd´s ans Schaffa ond ohne des Rom-gegosche!
„D´Wanderzirkus Duck war a äußerschts renomierdes Geschäfd mid ra groß̈a Dradition…“
„…wo mir au wared, händ mer dia Kender froh macha känna…“
DUCK
ZIRKUS
ZIRKUS
„…genau wia dia bissle greßere Kender…“
„…ond gwähene Kender au!“

„Als mer no Trieblinga komma send, send mir mid ällem Schnigg-Schnagg begrießt worda…“
ZIRKUS
WILLKOMMEN IN HOPFINGEN!
„Jeda Obend war des große Zeld ratzebutz ausverkaufd…“
KLATSCH KLATSCH
KLATSCH KLATSCH
„…ond dussa send emmer no Leit gschdanda ond hand auf a Plädzle ghoffd!“
KASSE
„Doch allmählich hodd sich des gändred…“
Etzedle, wia send dia Einahma heit Obend?
Jesasmäßig magr. Wia scho seid a baar Moned…

„Droz äller Bemühonga send emmer weniger Leit komma."
Hereinschpazierd ond willkomma, älle ihr… ääh …sächzeha Gäschdd!
Fuffzeha! I ben aus Versäha do.
Den heitiga Obend eröffna mer mit ra besondra Nommr, dia isch dr Knallr!
Ond zwar?
Mit em Donner-Donald, dem goziga akdiva Kanonama dr Weld!
Den han i scho x-mol gesäha. Fälld eich nix Neis ei?
Ha! I präsendier: Gauggler Guschdav ond onsern Seildänzr Dussel!
Uff… an alta Huad zom Drommla!
Wo… wona gangedd Sie?
Hoim! Zom Fernsäh glodza…

...sogar des isch spannendr!
Heit geid's dia Wiedrholung dr Echdzeiddogu ibers Droggna vo Daddla.
Was isch bloß mit dena Leit? Hennd dia verlerned sich zom amüsiera?
Mir underhaldedd se vielleichd nemme guad genuag.
Des ka edd sei! Mir bieded exglusive Addragtiona noch ond nöchr! De Donner-Donald, dr gonziga Kanonama der Weld, als Beischbiel. So ebbes hodd koi andra Zirkus auf dera Ärde.
Des hodd sicher sein Grond...
Dussel, de erschüddernde unerschüdderliche Seildänzr! Guschdav de Gliggsgauggler!
Zwoi brudal midreißende „Künschdler"...
Zz!
Ond edd zom vergessa: „Dynamo-Daniel" Düsadrieb ond seina wonderlichen Mascheena! Was soll ma no mee wälla?
Wie wär´s, wemma a baar neie Nommra eischdudiera däd?
Gib a Beischbiel?

Irgedwas mid'm Drabez kend i macha!
Bloos edd!
Selbschd mid em oifach-schda Romschwenga bisch du e meinra Rechnong scho 49-mol uff de Schnabel naghagled.
Hmpf!
Jeder vrdiend a neie Gelegenheid. Versuch Nommer fuffzig wird´s brenga, wedda?
Wenn du´s so widd. Aber de Birzl flach haldda ond niedrigg afanga, gell?
Hobb!
Oje!
Aua!
Ka des sei, dass dei Gliggszahl eher dia sechzigg isch?
DONZ

Ons bliehed schlächde Zeida!
Vielleichd sotta mer oifach weiderzieha?
Mir send scho viel z'lang do.
Scho, aber…
…onsre Karra send lange Fahrda nemme gwaggsa!
Edd mol de kurza.
ZIRKUS
Also, meinr Meinung no, miesed mer a gans neis ond hammermässigs Brogramm uff Boiner stella, sodass d' Leit wia Fliega kommed.
Also mached ebbes, dalli!
ZOSCH

„Ond mir hands do, nämlich ons soford ans Schaffa gmachd.“
I mechd ab jezzd in doppleder Heh iber meim Schwäbebalka schwäba: Schdadd uff fuffzig Zentimeder schraub i den uff oin Meder…
…nadierlich nur mid em Sicherheidsnedzle dronderd!
Bisch sicher, dass des roichd? Soll mer no a Schaum-schtoffmadda dronderdlega?
I vo mir aus verdobble dia Kaila, dia i bei meinra Nommra end Lufd wärf!
Isch des edd a biss-le zviel?
Es send viel... abr edd zviel. Bei meim Dalend als Schonglör, schdohd des doch außer Frog.
BONK
BONK
BONK
BONK
GLONGG
Hosch gsäha?
Ähh!
Was fir en Bleedsenn isch des denn?
I han gsaid, i wärf dia Kaila end Luft, aber i han edd gsaid, dass i se au wiedr ufffang.

Se send mei leddschde Hoffnung, Daniel! Däff i davo ausganga, dass Se a neie, waahnsenns Mascheena erfunda hand, om des Bublikum zu begeischdra?
Se däffed, Direkdorle! I nenn se „Druggkombressor zom mechanischa Effna verholzder Fruchdwänd von Nussfrichd"!
Wenn Se grad Zeid händ, därf i Ihna kuuz d` Funktionsweise zoiga... S`Bublikum wird ausraschda!
KRACKS
Des isch doch... an Nussgnagger.
Also... gans veroifachd ausdrüggd handled's sich's om a tadsächlich ähnlich funktionierendes Geräd.
Subber, nochdem Se scho leddschda Monad de Korkazieher nei erfunda hand.
Also bidde, i nänn es lieba „Vorrichdung uff schbindeligger Schbiralbasis zweggs Egschdraggdion verschlussdauglicher Zylinder".
So uffblosa wia dr Akkuschraubr do!
S'handled sich do om a „mechanische Ahlag mit ra wandelbara Drährichdong zom Ein- ond Ausfihra gewindegeschdüzder Vrbindongs- ond Haldeinrichdonga".

Dia gansa Menscha mid so ma Galama zu begeischdera isch wohl a vergäblicha Liabesmiah.
Gugg mol, mer hand doch no onsre Dierle!
KARLCHEN DES KAMEL
LARS DES LAMA
KLAUSI
Vielleichd kennded mer ons wildre Dierle bsorga?
Wieso denn des? Dia send subberliab ond Kender meged se gern streichla!
Okee, bloß edd pässimischdisch wära. Am Samschdigobend wird onser neies Brogramm Bremjäre feira ond i woiß des wird an Riesaerfolg!
Ond von dena Räkordeinahma richda mer´s Zeld wieda här, gugged om neie Addragtiona ond mached a brandneie Inszänierong!
Mir mached den Zirkus Duck zom amdlicha ond permanenda Schdadtzirkus vo Trieblinga.

„Leidr gab's en Onderschied zwiescha de Realidäd ond de Brognosa..."
WANDER-ZIRKUS DUCK
Hereinschpazierd! A horzliches Willkomma... älle onsra vierzeha Zirkusfreind heit Obend!
KASSE
Dreizeha! I be bloß do, weil´s dussa so regned.
Mei Freind, wenn Se erschd mol onsre Eroeffnongsnommr gesäha hand, dann dädded Se do bleiba, au wenn dussa z'Sonn ra brennd!
I prääääsendier: Donner-Donald, de goziga Kanonama dr Weld!
Der scho wiedr?
Onsre furchdlose Kanonakugl wird sich jezzd end Drobosphäre schießa lassa, ganz weid nauf ibr d' Wolka, bis an de Rand zom Weldall, om dann gsond ond munder zu ons auf d' Ärde zriggzomkähra!
I, jezzd ächd?
I denk, des isch a rhedorische Frog vo dir.
Ond genau aus dem Grond, wär i liaba Drabezkünschdler gworda!

KA-BUMM
SWUUUUUUUUSSSSSSSCH
Isch dia Drobosphäre edd a bissle weider doba… Dja, de Glimawandel!
SPLOSCH
Genau! Se saget's! Ond jezzd Obacht auf Dussel, den exorbidanda Seildänzr, ond Guschdav, des… Gliggsbredle dr Gauggelei!
Dankschee! Ganget Se mer bloß weg, des isch gnuag.
Aber mir fanged doch grad erschd a…
Ond mir ganged grad wiedr. Ihr hand Gligg, dass mer onser Gäld edd zrigg welled.

„An dära Schdell brengsch dia Frog nämme vrhoha: Kah's no schlemmer komma?“
Alarm!
Wa isch bassierd, Daisy?
Dia Dierle. Maa hodd ons die Dierle gschdohla!
„Ond die Andword war leidr: Haija, schlemmer goht emmer!“
Mordsmässig-schlugg!
KARLCHEN DES KAMEL
LARS DES LA
KLAUSI DES KÄNGURU
Älle wäg. D' Lars, s' Klausi ond d' Karle…
Wer ka denn des gwäha sei?
ZIRKUS DUCK
„Wer machd denn so äbbes?“
Ihr stelled bleede Froga…
Mir nadierlich!
176-171

Saged eirem maroda Zeld-lagr Adee, Buaba…
…mer vrscherbbled eich an en nedda Zoo…
…ond vrdened ons so an scheena Batza!
Dia Dierle wared dia gozig ächde Addragtion, dia mer no kedd hennd. Was macha mer jezzd?
Hedo, Zirkusleit! Wia gohd's, wia stohd's?
Was wellet Se denn, Sia Entaklemmer em Azigle?
S'Gleiche was i scho seid me Johr will, Sia muldimorbida Gaugglr, en Galoscha!
I will das Sia ond ihre Hofkaschperle des Plätzle rommed. Sowie ihr weg send, werd i do nämlich des gröschde Eikaufszendrom dera ganza Gegend baua.
Ond Sie gäbed nie uff, so wia i des säh.
Hawa, dann solled Se sich no mol diesa Gemoinderlass genau agugga. En dem hodd dr Schultes vo Trieblinga nämlich a unbegrends Bleiberächt eigreimt!
I be mer dära Fähl-endscheidong vo dem rüggrad-losa Driabl scho bewussd.
ERLASS

„D' Zirkus war scho sei grosse Liab, als er no klei war, drom hodd er eich au gschdaded, bis an en Ultimo zom bleiba!“
Wenn i mol gross be, werd i de Schultes do ond sätz mi mit älla Middel fir dia kommunale Ferderong vo dena zirzensischa Künschde durch, Muddr!
Des wirsch du ganz beschdemmt macha, mai Bua. Hauptsach, du isch erschd mol brav dei Gmias jeda Dag.
Aber eier Schmarodzerläba hodd bald a End. Sia send der, der erschd mol des Babier genau schdudiera sodd!
Was welled Se mer domid saga, Sia Ahgäbr?
ERLASS
Dia Verordnong gilt bloß so lang, wie dr Zirkus agdiv isch ond a räglmässigs Brogramm abieded!
Waas?
ERLASS
Ond Dierle hand Se au scho koine me, wia i säh. Ond wenn ihr Zeld endgildig ausanandrgfalla isch, werded Se dichd macha missa. Ond dann bleibd Ihna bloß no ois…
…dr Abgang!
Schnaub!
ERLASS

Des laufd gar edd guad, so wia sich des aherd!
Ond nochdem ällem, was bassiera ka, au bassiera wird, wird´s wohl no schlemmer!
RRRUMPEL
Do isch er. Er isch wiedr do!
Pfff, gans was Neis… Konnd der edd älle zwoi Wocha, pingdlich am gleicha Dag zur gleicha Zeid?
Ballaschd uff´s Zeld ond älle Befeschdigongen, bevor älles wegwehd, dalli!
Älle uff ihra Nodfallbositiona!
Do konnt er!
„I denk, ihr welld jezzd wissa, vo wem do gschwätzd wird, gell?“
„Es drähd sich om en ‚rollenda Sandsschdurm‘, dr seid anno Dubag die nadurgewaldige Geißl vo Trieblinga ond äller Nochbergmoinda isch!“
DONNERRR

„Wia scho gsaid, isch dr Sandschdurm zwoimol em Moned iber dia Gegänd gfägd ond hodd älle zwonga, sich dahoim zom vrschdegga. Zom Gligg…“
WANDER-ZIRKUS DUCK
„…hodds nie lang daured.“
Jezzd hammer's wiedr hinder ons.
Haija.
Schad, dass en zwoi Wocha scho dia näggschd Ronda aschdod.
Haija, zom Zwoida.
Hm, wer woiß, wo sällr Schdurm her-konnt…
…ond wo er na-blosd…
…ond worom er emmer wiedr konnd?
Also i hald des fir a Nadur-phänomän!
I eher fir a onadierlichs Phänomän!
Ond i be iberzeigd, mer hand des do mid emma ibernadierlicha Phäno-män zom doa!

Direkdor Duck! Hodds Schäda gea odr Vrledzde bei Ihna?
Noi, nix vo boidem, Herr Birgermeischdr!
Do brauchd's scho me, om ons de Zirkusgoischd auszuomdreiba!
I hann mir scho Sorga gmachd. Vrspreched Se mir, dass Se a neis Brogramm erarbeided! Dia beschd Schow dr Weld!
I fir mi gälobe, älles dofir zom doa, Ihna des Zeld mit Leit zom filla!
Handers ghered? And Arbed!
Was isch mid onsra Dierle?
Mach dr koine Sorga, Daisy! Dia kommed scho wiedr, i han's em Gschbier!
Hawa… de Knallrma mid dem animalischa zwoida Gsichd…
Hanoi, em diefschda Herza ben i an Drabezkünschdler…
Ka scho sei…
Hoi! Neis Brogramm, neie Nommra, wa moinsch du? Des wird grandierd de Hid!
Noh los!

„Ond so isches komma, en zwoi Wocha isch onsr neis Brogramm gschdanda…“
„…ond dr Adrang war ahgmessa groß!“
Hereinschpazierd! A herzlichs Willkomma älle onsra zwoidausendvierhonderdsiebanadreißig Bsuchern heid Obend!
Zwoidausendvierhonderdachtadreißig, Herr Direkdor!
Tschuldigong, das i zschbäd dra be!
Koi Brobläm, mei Beschder! Bei onsra neia Ereffnong goht´s nauf uffs… Drabez!
SCHWING
Vom Donner-Donni zom „Schwingenda Schnabel“?
S’Brommerle war mol, jezzd isch er d’ Schbordskanone!
WIRBEL
Ooooooh!

Ond jezzd präsendier i Ihna Dussel, onsren sagenhafda Seildanzwirduosen!
Olä!
KLATSCH KLATSCH KLATSCH KLATSCH KLATSCH KLATSCH KLATSCH KLATSCH KLATSCH KLATSCH KLATSCH
Näggschda en dr Manesch isch onser Gaugglerkäpsele Guschdav!
I wär liabr de „Jenseidz Johrhonderdschonglör“!
Debei bisch du edd mol em Diesseids genial odr gar guad…
Woiß oiner, wo de Düsadrieb schdeggd?
I be do!
Mei neie Magimaschee hodd a klois Broblām mit'm Ahlassr.
Mei liaba Scholli! Was schdelld ma mid so ma Monschdrum a?
Also, mol gans ährlich, woiß i des garidd me so gnau. Hodd gans schee lang daured, des Doil zsamma zom schrauba…

Au egal, der Obend isch au ohne des glatt-weg perfeggd gloffa.
KLATSCH KLATSCH KLATSCH KLATSCH KLATSCH KLATSCH KLATSCH KLATSCH KLATSCH KLATSCH KLATSCH KLATSCH
Wia send dia Einahma, Daisy?
Eidruggsvoll! Dia misded bestemmd roicha, om des Zeld fir emmer zom fligga.
EINTRITT 5T
Edd no des! I hoff, mer kenned au endlich onsre Manesch nei gschdalda ond das onsre Karra wiedr grichded wäred.
Ojeminee! Dia Obendkass…
Was isch demid? Gibt's a Brobläm?
S'isch älles weg!
Ond edd no des! Do rolld scho wiedr diesa bleede Sandschdurm a!
Send scho wiedr dia zwoi Wocha rom?
DONNERRR
KASSE

Momend mol, i han do a Idee!
Konnd des Ihna wia de rechde Zeidpongd fir Idea vor? Zeld bschwera ond feschdheba, denged Se lieba mol do dra!
Wissed Se, mer fälld grad wiedr ei, was i mid meira Magimaschee em Senn kedd han. S'handled sich om a „großzigig dimensionierde Abbradur zur aschbiradorischen Endfernung vo körniga Vrschmotzonga".
Des hoißd?
WOOOOOOOOOOOOOSCH
...oifach om an gigandischa Schdaubsaugr!
Ond i ben zemlich zuvrsichdlich, dass es das in dr Sach Sand zom Schdurm bis uff Weideres war.
Sensadionäll! Außrgwehnlich! Wonderbar! Onsre Schdadd wird Ihna uff ewig danggbar sei!
Scho...

...aber, ob Se bei äller Danggbarkeid em Kleverle saine Bulldoser aufhalda kenned?
RÖÖÖÖHR
Onsa Zeld isch hee, die Dierle vrschwonda ond d' Einahma send fudsch. Mer missed de Schbielbedrieb eistella!
Augabligg, oins noach em andra...
I glaub des Gäld en dera Dasch gherd Ihna.
Onsre Obendkass! Wo hennd Se denn dia gfonda?
Em Haus vo dem saubra Herra, den kenned Se oinaweg.
Sia? Worom schdähled Sia onsre Einahma, Sia alafanziga Glufamichl?
Ha, weil Se nie vo sälbr ganged wäred. I han Ihna a bissle an Aschporn gäba wella.
Des war noid älles!

I denk, Sia erkenned dia Dierle?
D' Karle!
S' Klausi!
D' Lars!
Ma hodd eich befreid!
Gans ährlich, dia hand sich sälbr befreid…
Wia moined Se des?
Do gugged Se sälbr!
Auwa!
Eijei!
Menno!

Was isch denn mid eich bassierd?
Eier brigelndes Kamel isch ons bassierd!
Ond eier schlägerndes Kängaru!
Ond des rodzzende Lama!
Also biddschee. D' Lars isch koi oifachs Lama, er isch an Guanaggo.
SPROTZ
Vrglaga sodded mir eich, wäga…
…tädlicha Agriff uff obescholdene Ganova, gell!
Isch klar!
Diebschdahl isch a größeres Vrbrecha.
Des isch doch eindeidig a Disgriminierong vom ma ährbara ährlosa Berufsschdand!

Hawa, dann goht am End älles fir ons no guad aus.
Siehd so aus. Die Dierle send wieder em Gheg ond die Einahma send sicha verrommed.
S´Zeld brenga mer heit no zom Fligga, lassed a Madda fir d´Manesch macha und lassend onsre Karra uffpoliera.
Mer schlaged do feschd onsere Zeld uff ond werred amdlicher Schdadtzirkus!
I han de endschbrechende Erlass scho ausdifdeld. Se brauched en bloos no gäga-zoichna, Herr Direkdor, ond scho mised Se mid Ihra Leit nämme weg.
Odr abr...
Odr was?
Odr mer bräched onsre Zelder ab ond ziehed weider!
Ihr welled weg?

Hoißd des, bei ons gfällds eich edd?
Hanoi, em Gegadoil.
Ihr wared äll dia Zeid subber freindlich zua ons!
Aber am End send mer hald en Wanderzirkus.
Odr mer wared des hald amol…
Vielleichd isch jezzd dr Momend doa, wo mer's wiedr wärred.
Was isch mit eira Karra?
Dia macha mer grad wiedr flodd. Ma ka älles rebariera.
Gogg!
ZIRKUS
Isch des ächt endgildig?
Siehd faschd so aus!

„Ond so isch onser Dross amma Dag dadsächlich wiedr uff Raisa gwäha…“
Ihr werred ons fähla!
Ihr ons au! Bis a anders Mol!
Mer dädded eich gärn a Adengga do lassa.
DUCK
ZIRKUS
Dia Dierle?
Genau, die hand sich scho so an eich ond dia Gägend gwehnd, des däd dena guad, wenn se edd raisa misded.
I verschprech eich, dass se bei ons in de beschda Händ send! Mer wärred se em Schdadtparg onderbrenga ond a egschdra großes Gheg baua.
Des gfälld dena bschdemmd. Se hand jo gsäha, wia se reagierded, wenn ma edd nedd zu ihna isch…
„Jezzd glaubed ihr abr edd, des sei s’End vo dära Gschichtle…“
„…em ma gwissa Senn war des eigendlich an neia Afang!“
Bassee

Stefano Ambrosio (Gschichtle), **Maurizio Amendola** (Zoichnonga)

Wa fellt jezzd au Ihna ei, Sie Grasdaggl! Sie könned mir doch edd die Zeidong vor da Nas wegschnappa! Als Bürger han i a Recht auf ogschtörta Zugang zu de freia Medien!
Ha, mein Park isch doch koi Freiluftbibliothek, guater Ma! Bapier wird do bloß en seinera Urform als Baum akzepdiert!
Älles andere landet en der Tonne ond wird wiederverwerdet.
STOPF
Ha, jezzed! Die beschde Wiederverwertong isch doch's no mol Lesa!
HOPS
Aber sofort raus jezzd aus dem Oimer! Der isch fei Gemeinde-eigentum!
Ond selles Blättle isch fei mei Eigentum!
En dem Fall kassiered Sie noch fei a Schtrof wegam mutwilliga Vollmülla vo'ma öffentlicha Luhse-Plätzle!
?!

Ha, Sie hennd wohl nemme älle Wedel an da Palme! Birschle, du kommsch mir grad gschliffa! Gang jezzd bloß deine nixige Grashälmle zupfa ond lass mir jezzd bloß mei butzete Ruah! Sie Glufamichel!
KLOPF
Krass! Dia zwoi Malefiz send jo fuchsdeiflswild!
TIPP TIPP
Dia Zeidong her, oder i schla' der baar an'd Backa na!
KLACK KLACK
Dass i edd lach!
Des Filmle vo dene zwoi setz i glei bei DuTube nei, des wird bschdemmd da Knaller!
Ond, Tatsach! Des Filmle wird an reachda Kassaschlager!
He, he, he! I kennt mer en'd Hos soicha!

Überall auf dera Weld lacht sich die Endnet-Gmoid hee...
Dia zwoi send jo fatzagladd!
Hahaha!
Wie ka mer sich au so aufführa, wega'ra Zeidong, wele morga schau nemme vo heit isch?
Bloß oiner hot gar koi Freid an dera Sach...
Glei verreißt's me!
DD
Schnaub! On des älles bloß wega dem nixnutziga Handy!
No ned so hitzköpfig, Chefle! Sonsch fengt no da Geldspeicher a zom brenna!
Zu ällem Oglick war des au no mei Firma, wo selles Modell mit Kamerafunktion auf da Markt brochd hot. I könnt auf dr Sau davo! Oder auf am näggschdbeschda...
TRET
Ha, Chef! Sie können doch nix dafir!

Sie send jezzd hald au a Opfer vom Fortschritt! Heitzudag, wo jeder emmer ond überall an Endnet-Aschluss hot, ladet dia Leit älles ens Netz, ohne grausig drüber nochzomdenka. Ond deshalb...
...ka jezzd jeder sea, wa für an jemmerlicha Entaklemmer der alde Knigger isch! Haha!
KK
Des isch an echta Glücksfall, Anwantzer! Dem Filmle isch's zom verdanka, dass sich jezzd älle bucklig lachad über mein Lieblingsfeind!
Milliona von Nutzer auf da ganza Weld send jezzd Zeuga vo seira gloikarierta Fuhzglemmerei... ond do dronter send bschdemmd au einige Kollega!
Dodamit däfd sein Ruf oi fir ällemol ruiniert sei! Ond mir brengt's des oine oder andere Gschäftle zusätzlich ei!
Scho, aber do lässt sich ganz gwiss no a Wengele meh raushola, Herr Kleverle!
Sodele?
Ha, Sie wisset doch, wie des isch. So a Video isch schneller wieder vergessa wie d' Katz da Baum nauf isch. Aber wenn Sie... flüschder...

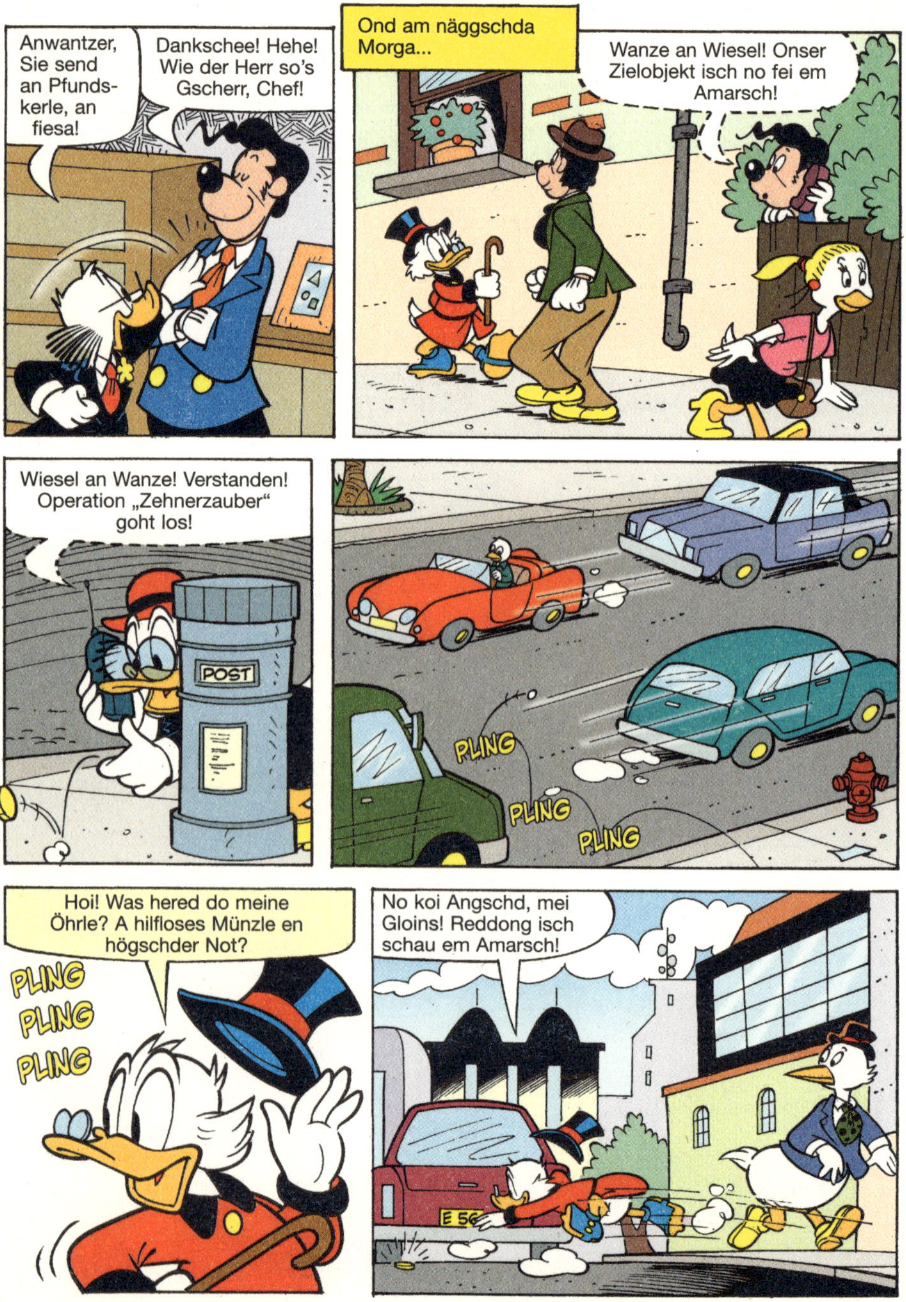

Anwantzer, Sie send an Pfunds-kerle, an fiesa!
Dankschee! Hehe! Wie der Herr so's Gscherr, Chef!
Ond am näggschda Morga...
Wanze an Wiesel! Onser Zielobjekt isch no fei em Amarsch!
Wiesel an Wanze! Verstanden! Operation „Zehnerzauber“ goht los!
POST
PLING
PLING
PLING
Hoi! Was hered do meine Öhrle? A hilfloses Münzle en högschder Not?
PLING
PLING
PLING
No koi Angschd, mei Gloins! Reddong isch schau em Amarsch!

QUIETSCH
Ha, grad no gschafft! Jezzd bisch en Sicherheid! Schmatz!
Send Sie no ganz bacha, Sie oifältiger Allmachdsbachl?
VROOOOOM
BREMS
Älles em Kaschta!
POST
Jezzd no glei hochlada, ond die ganze Weld siehd, wie der Alde sich wiedr zom Aff' macht! Hehe!
SENDEN
LÖSCHEN
Ond Tatsach...
Grondgüdigs Kamel! Seller Sahib überschpannt da Boga!
Hoho! Haha! Mit dera Nommer könnt dr sich glatt beim Rodeo amelda!
Des glaubt au koi Mensch! Seller erschreggende Mangel an Klasse. Ob ma mit so oim no Gschäftla macha sott?

Bald drauf em Klub der Milliardäre...
Wünschd der Herr wie emmer a Tässle hoißes Hahnawasser?
Jo, liebend gern! 'S Teebeitele han i wie emmer sälbr mitbrochd. Des hanne erschd fünfmol brauchd!
SRRR
Hihihi! Mit jedem Durchzieha goht sein Ruf au glei mit Bada!
SRRR
Des goht doch auf koi Kamelhaut!
So an Pfennig-fuchser!
Schoggierend!

Am Dag danoch...
RRUMPEL
Breng schnell d' Oimer, Baptist! Rega isch em Amarsch!
Anander noch jezzd! Mir sotted so viel wie möglich vo dem koschtenlosa Nass auffanga!
Hehe! Des wird emmer no besser!
REC
Oglaublich! Er isch so an kniggriga Bräschdlengsheifler, dass er sogar no 's Regawasser auffängt! Aber wa will er au damit?
D' Antwort bleibt er edd schuldig ond des Ganze bleibt au edd ogfilmt...
DU TUBE

Jezzd guck amol do na! Der gießt da Knoblauch damit, den er als Teil vo seim Hexaabwehrsystem auf seim Dach apflanzt hot! Knausriger goht's jo mol ganz gwiss edd!
Jaschlagmesblächle! So a Granatasauerei, so a verkommene!
Grmpf! Do steckt bschdimmd wieder seller nixige Emporkömmling dahinder!
Des könnt' nadierle scho sei! Aber Sie hennd jo koine Beweise gega sellen Herr Klever.
Des isch doch mir gleich! Mir langet scho des überhebliche Grensa, mit dem er mi em Klub aguckt hot, damit e au gwiss woiß, dass der Bullabeißr henter dem ganza Aschlag auf mein guada Ruf steckt!
Wega sellena Videos hennd die Leitle jezzd a miserable Meinong vo mir! Dia Sauerei brengt mi no ens Armahaus!
Noi, noi, Onkel Dagobert!
DUTUBE

Dei leddschds Video isch sauguat akomma! Du hosch Tausende von Likes! Vor ällem bei Leut mit gloinem Geldbeidel.
?
'S geit ozählige Posts, wele dein Erfindergoischd en Sacha Sparsamkeit über da Schellakönig lobat!
TIPP TAPP TIPP
Mit a gloi weng Gschick kasch du des Deng zu deina Gunschta dreha ond da Leit zoiga, dass dei Sparsamkeit eba koi Entaklemmerei isch, sondern oifach vernünftig!
Jezzd bass amol auf, wie wär's denn, wenn du... flüschder...
Reschpekt, Buaba! Ihr send jo Pfondskerle!
Doher...
VIDEO DER WOCHE
A baar Kilometer auf em Heimtrainer haltet Leib ond Seele gsond ond munter...

...ond wenn ma des nützliche Gerät dann au no mit'ma handelsüblicha Dynamo verbendat...
...dann ka ma aus oigener Kraft gnuag Strom erzeuga, dass mr en ganza Dag lang semtliche Elektrogeräte em ganza Haus damit betreiba ka. Des isch doch a schees Beispiel für die kreative Kraft vo dr Sparsamkeit!
FRRR
KLICK
Ha, wo'ner recht hot, hot'r recht!
Heidanei! Des probiere glei aus!
Schbidze!
Subber!
Seller alde Duck isch mei Held!
Ond z'guader Leddschd em Milliardärsklub...
Jezzd verzehlet Se mol, wie send Sie bloß auf dia hirnverbrennte Idee mit'ma oigena Kanal komma? Hennd Sie etwa beschlossa, sich selber zom ruiniera?
Hanoi, aber Sie hennd anscheinend da Zug en d' Gegawart verbasst, Kleverle! Heitz'dag verdeanad ma Osumma em digitala Sektor!

En guat bsuachta DuTube-Kanal oder Blog zieat schnell 's ökonomische Interesse auf sich, ond bald will jeder seine Banner* ond Buttons* dett platziera. Gega a ordentliche Bezahlung, verschtoht sich!
*Werbedäfele ond Werbeknöpfle em Internet.
Do gucket Se, gell? „Schbara mid Schbaß“ hot mehr als 500.000 Bsuacher am Dag, ond no mehr Abonnenta! Die Werbetreibende dappet sich gegaseitig auf'd Fiaß vor meira virtuella Hausdier!
Die leddschde sieba Däg hanne so zehn Milliona Taler verdeanad, ohne au bloß oin Fenger zom rühra. Edd schlecht, oder?
Jesses!
Wer au emmer der Obekannte war, der erschd auf d' Idee komma isch, selle Filmle vo mir ens Netz zom stella, om mein Ruf zu ruiniera, der hot mir domit jedenfalls oabsichtlich en riesa Gfalla doa!
Ohne sellen Aschtoß wär mir des nia eigfalla, mei große Leidenschaft fürs Spara en a eiträglichs Gschäftsmodell zom verwandla!
Aber jezzd entschuldigat Se me bitte, ma erwartet mi schau. Selle Herrschafta wellat bei mir a Werbong schalta!
T

Etzedle... hüstel... verehrter Sahib Duck!
...moinet Sie edd vielleicht, ob Se ons wohl auf Ihrem wonderbara Kanal a Werbeplätzle eiräuma kennted?
A ganz glois Eckle dät scho langa!
Ha, des isch älles bloß a Frog vom Preis, meine Herra! Hoppla! Momentle mol...
I han grad eba 's Motiv vo meim neieschda Blog gfonda. Vorg'schtellt werat diesmol besonders sparsame Rezepte. Ond da Afang macht die „gmoi Biddermelone mid Wud gwürzd"!
Hahaha!
Hehehe!
MAMPF
PATT PATT
MÜMMEL
MAMPF
Ällas vrgohd